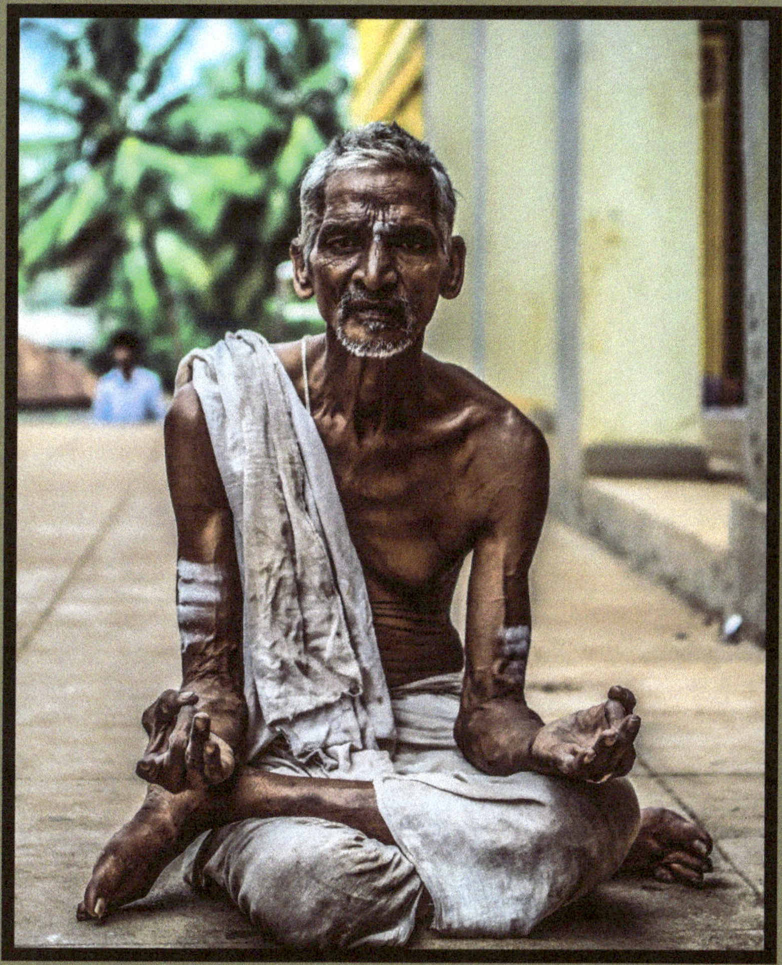

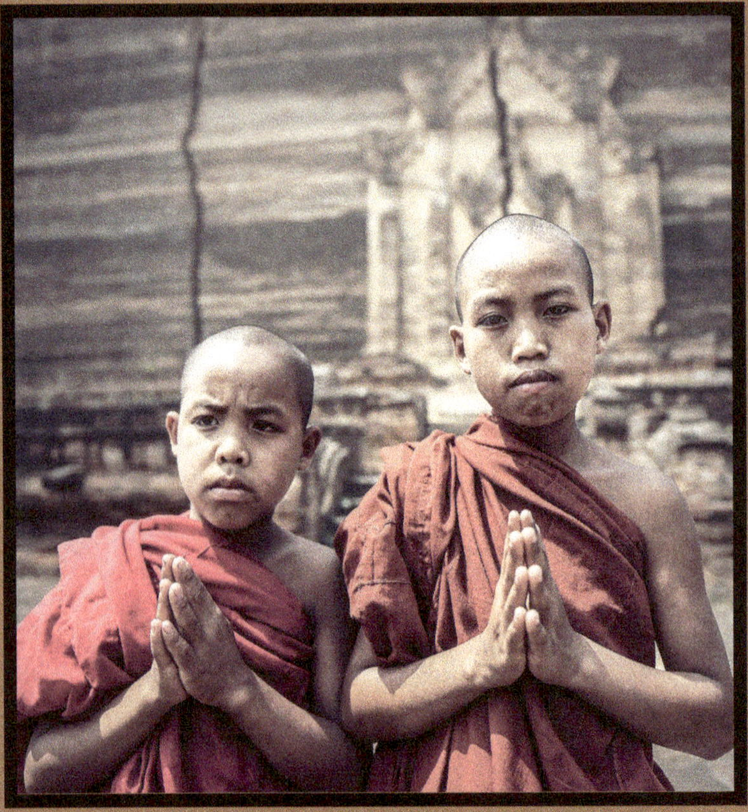

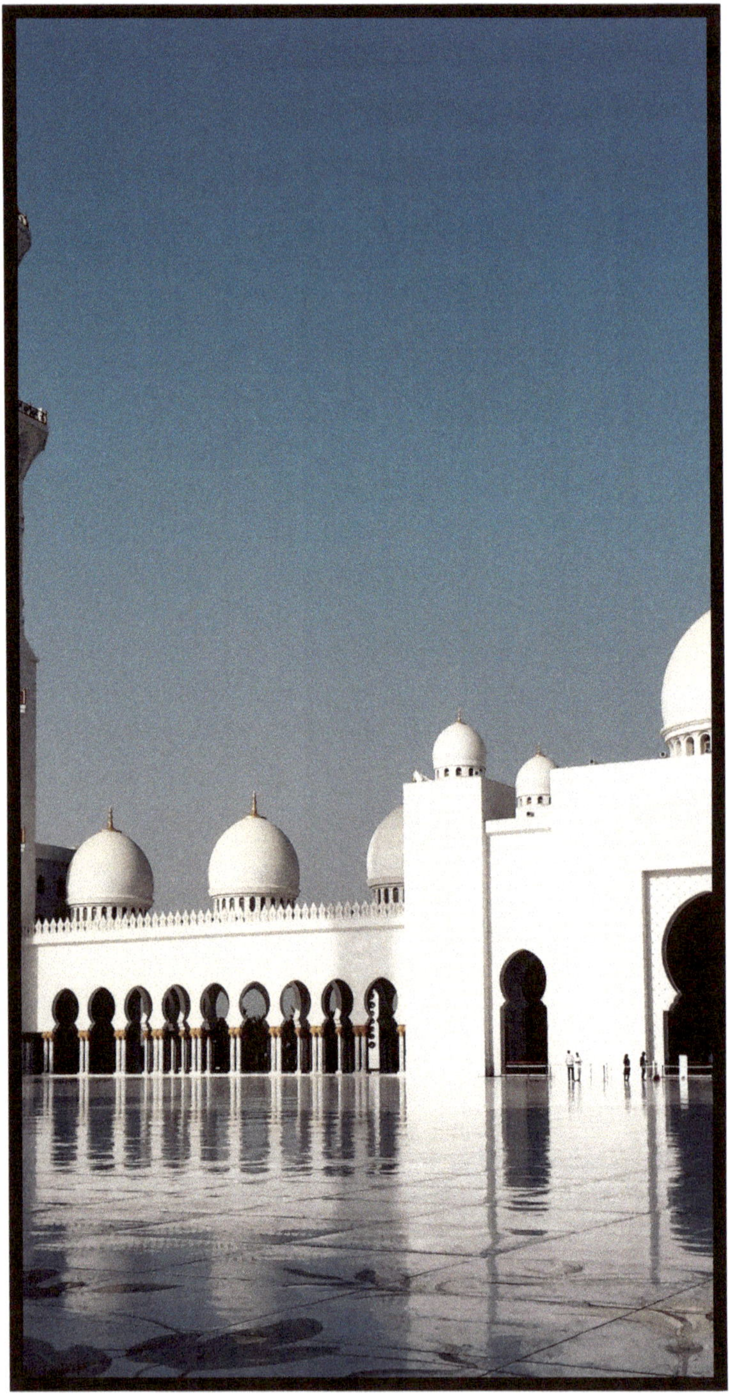

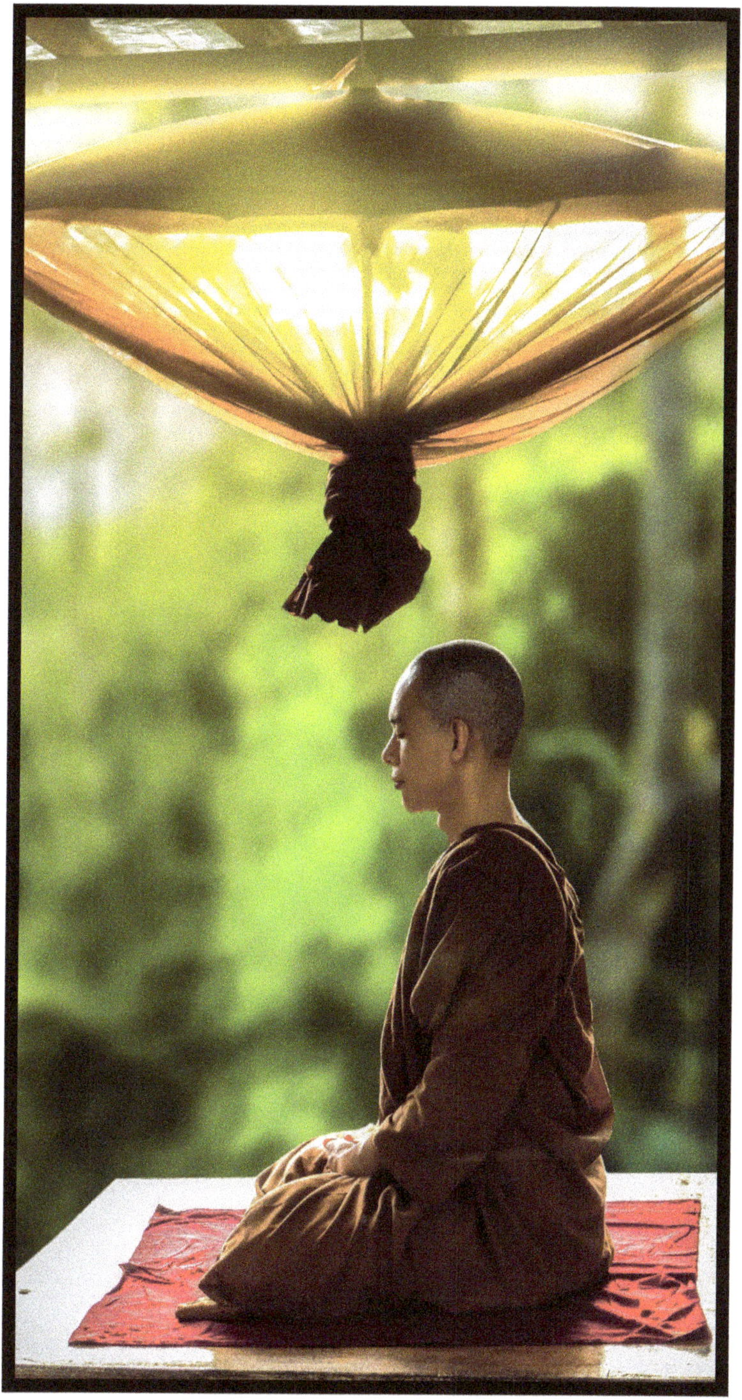

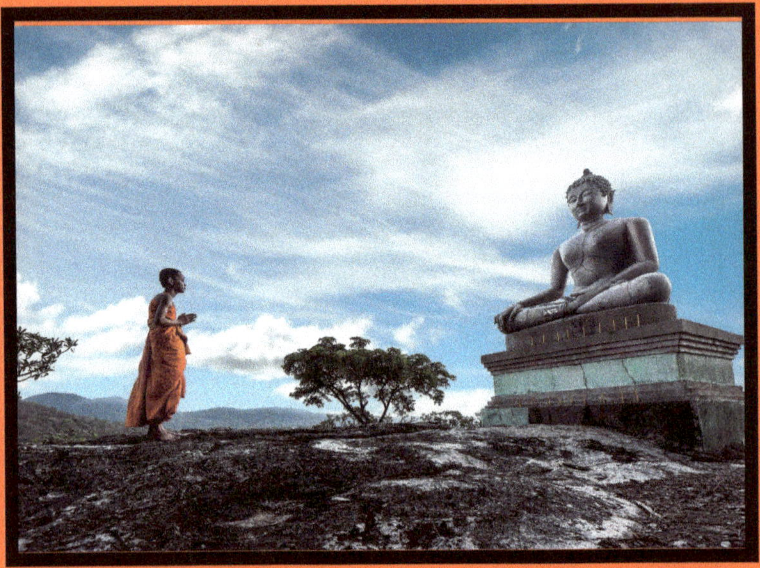

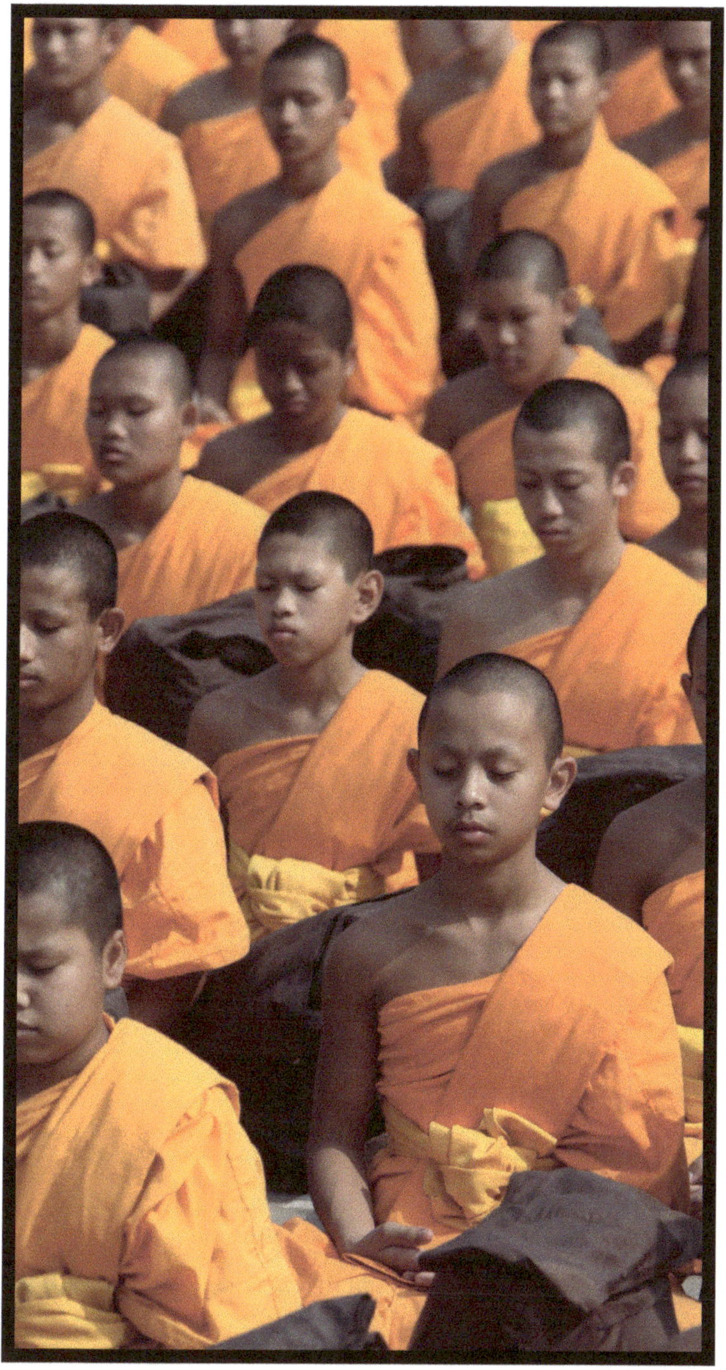

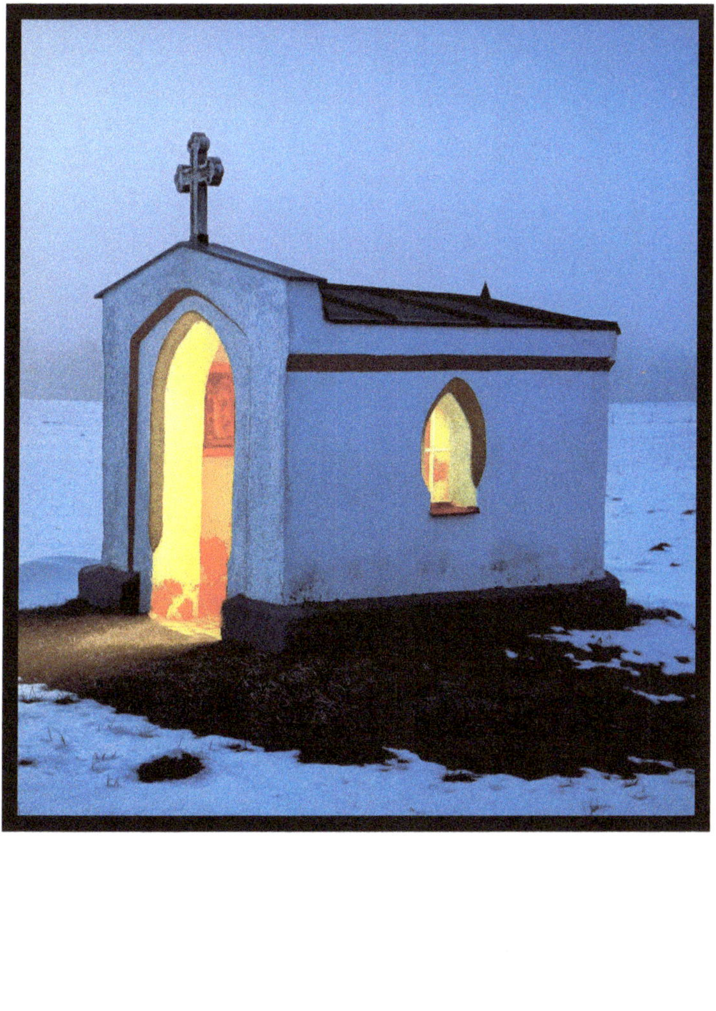

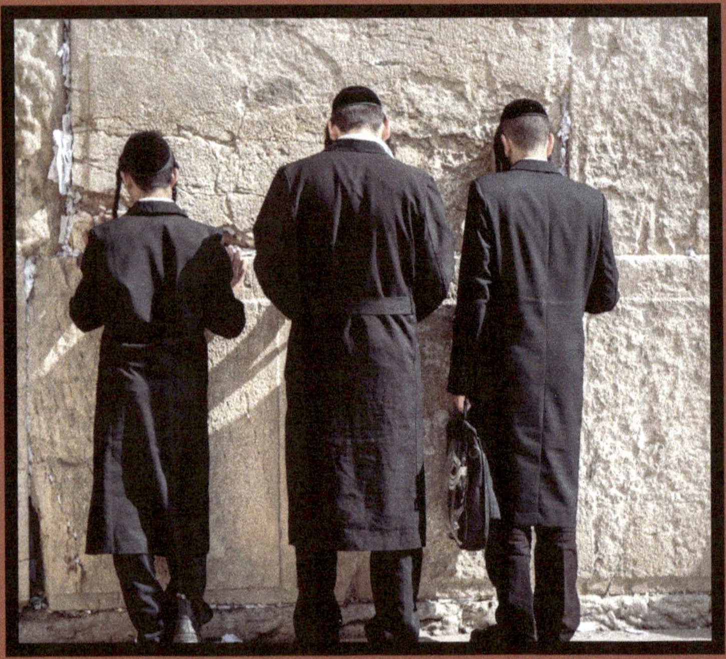

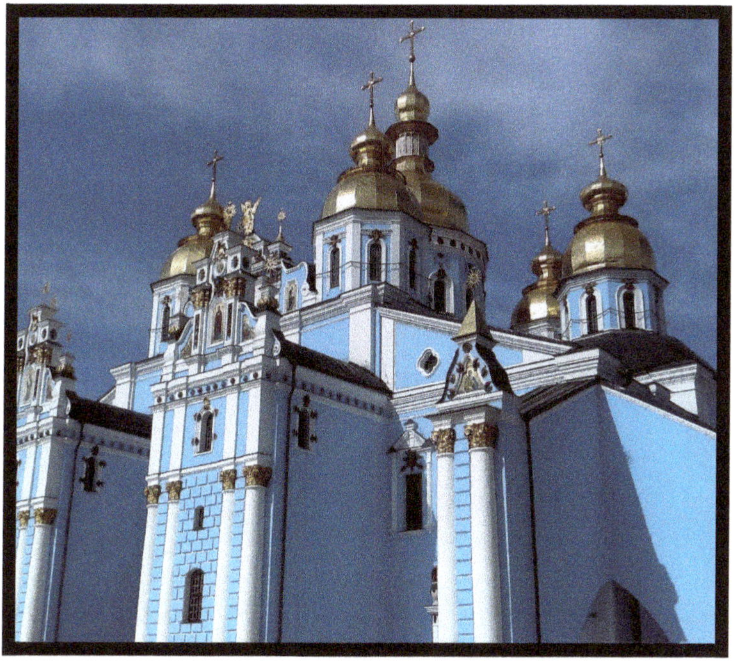

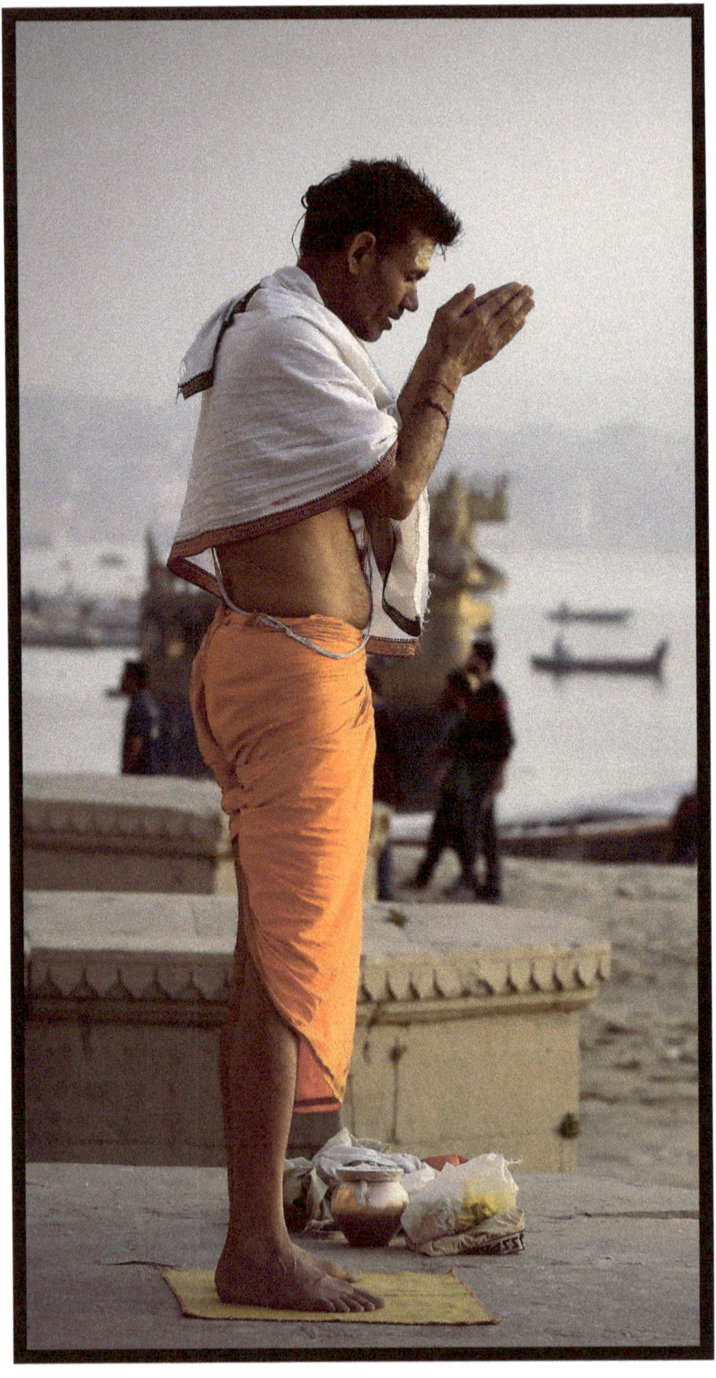

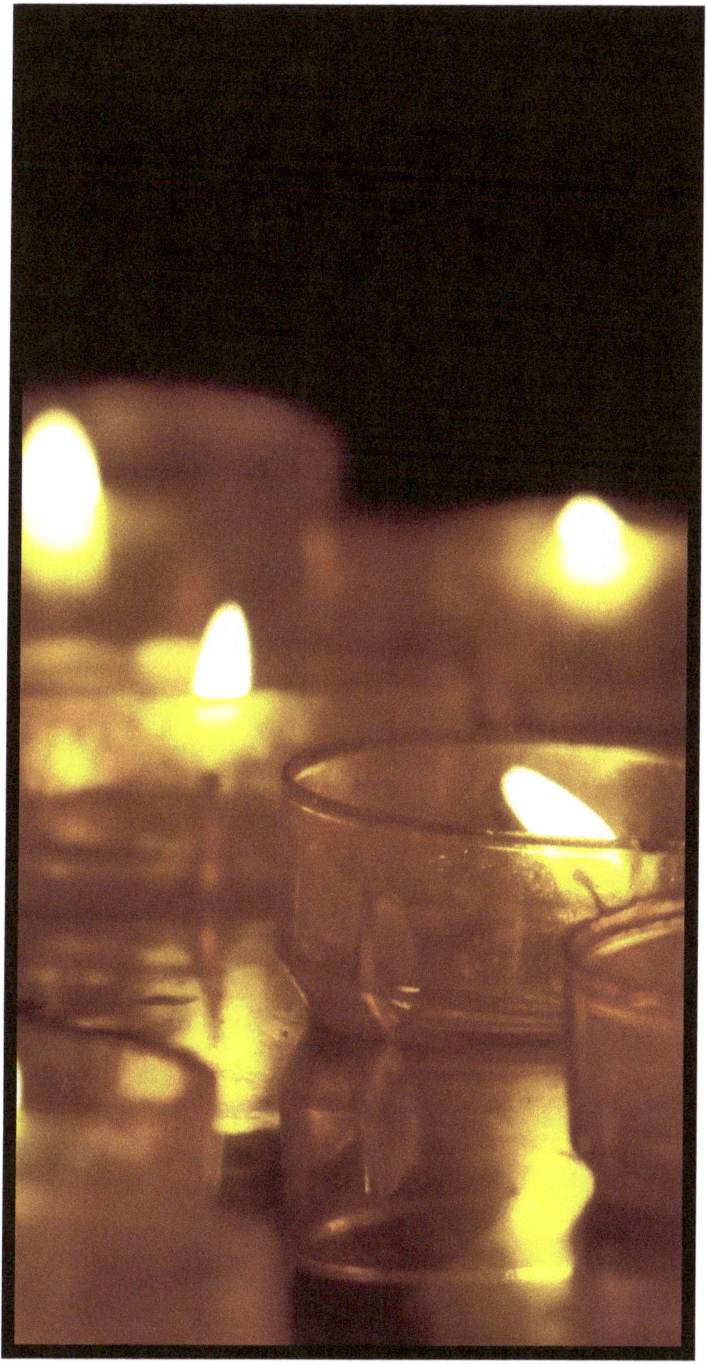

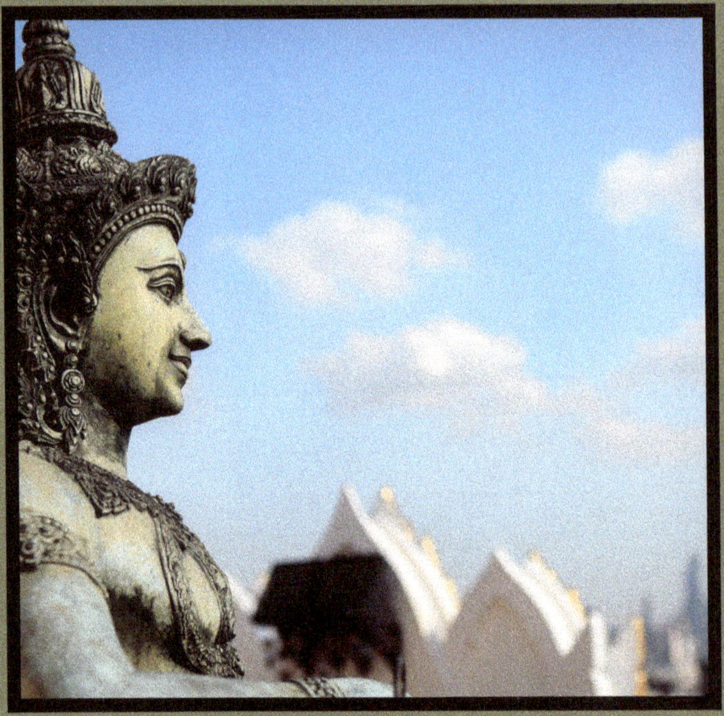

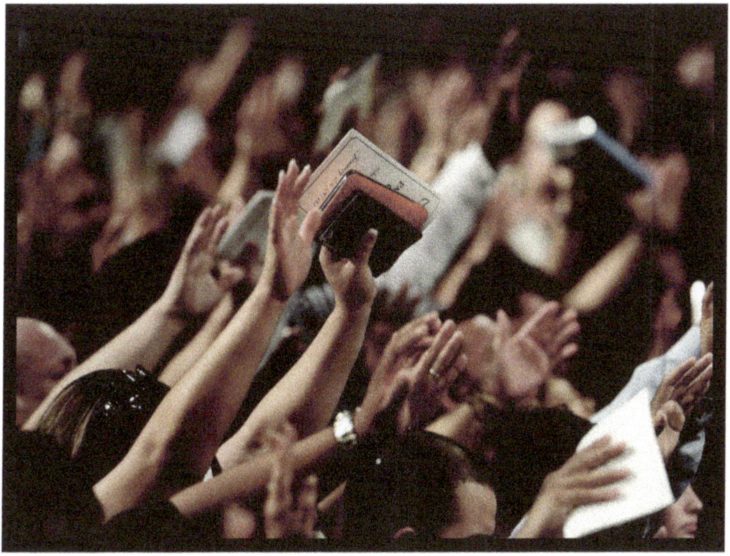

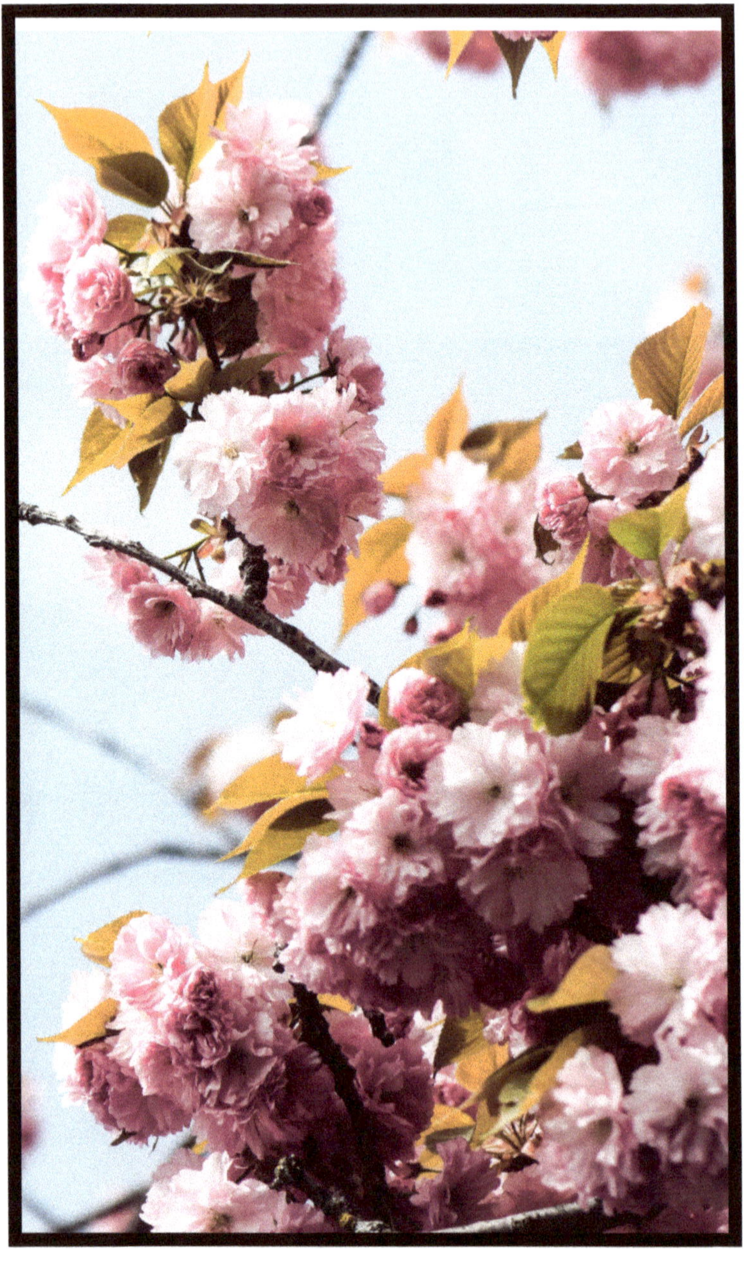

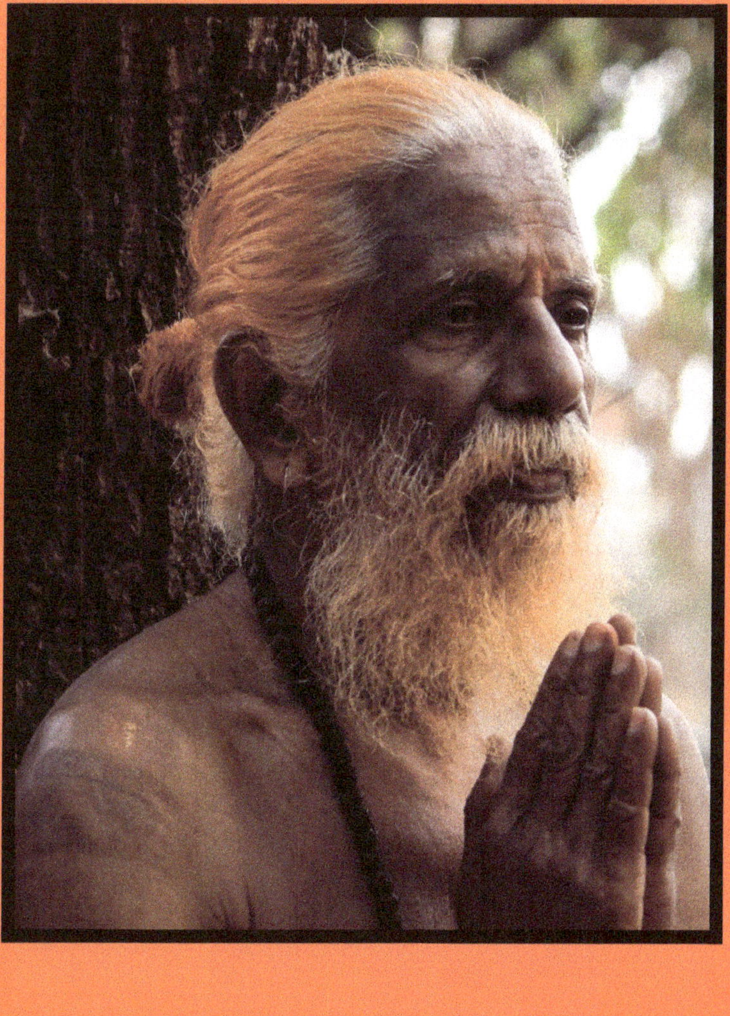

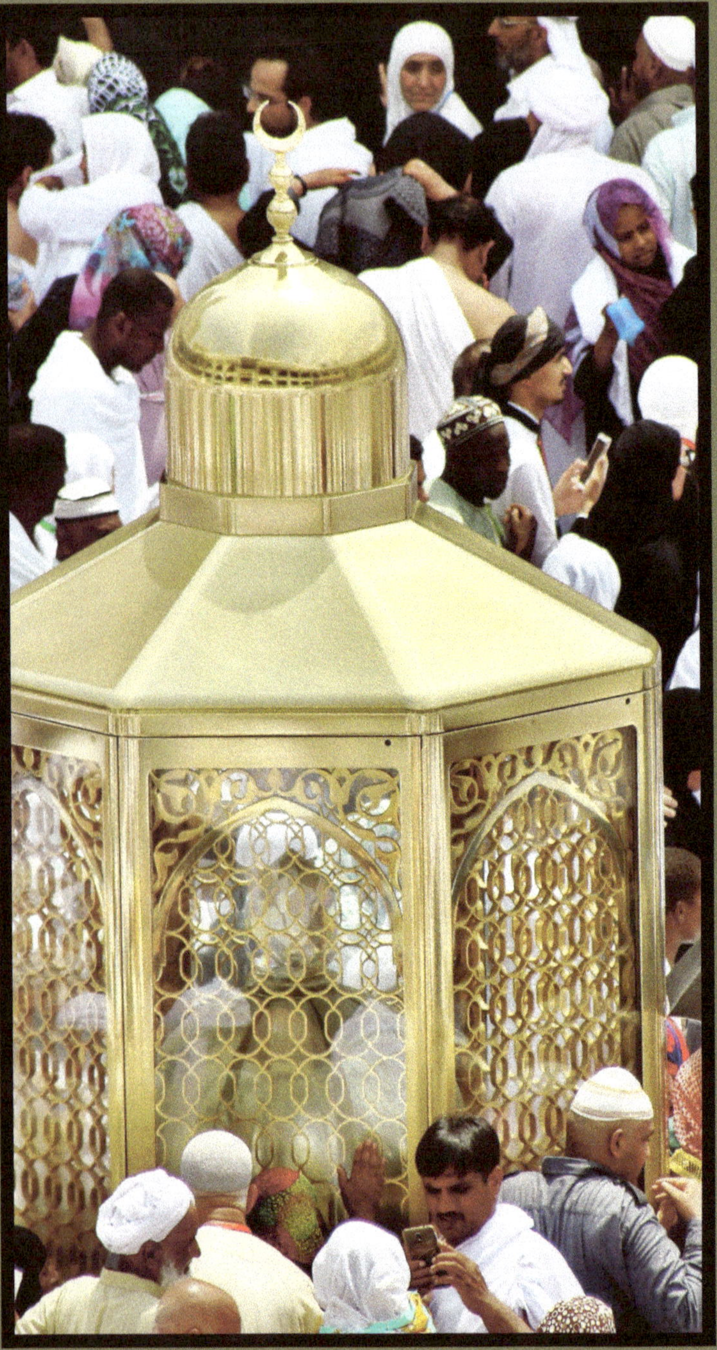

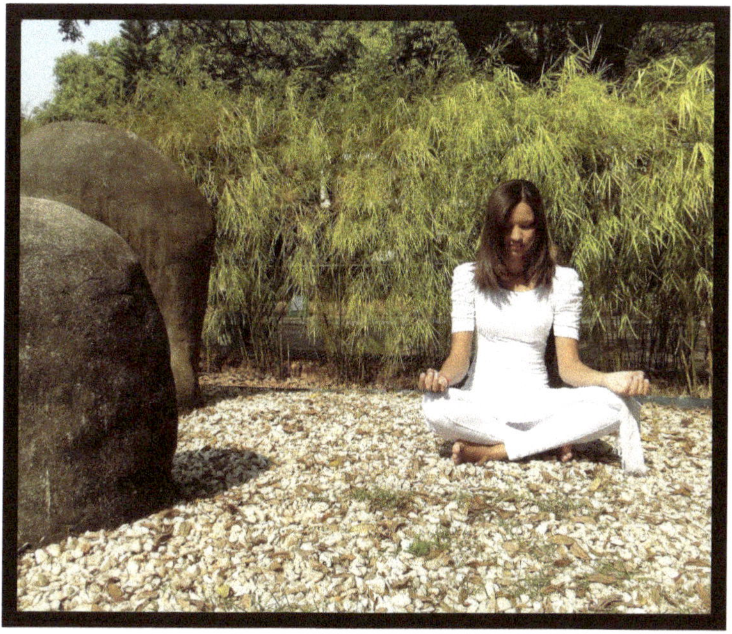

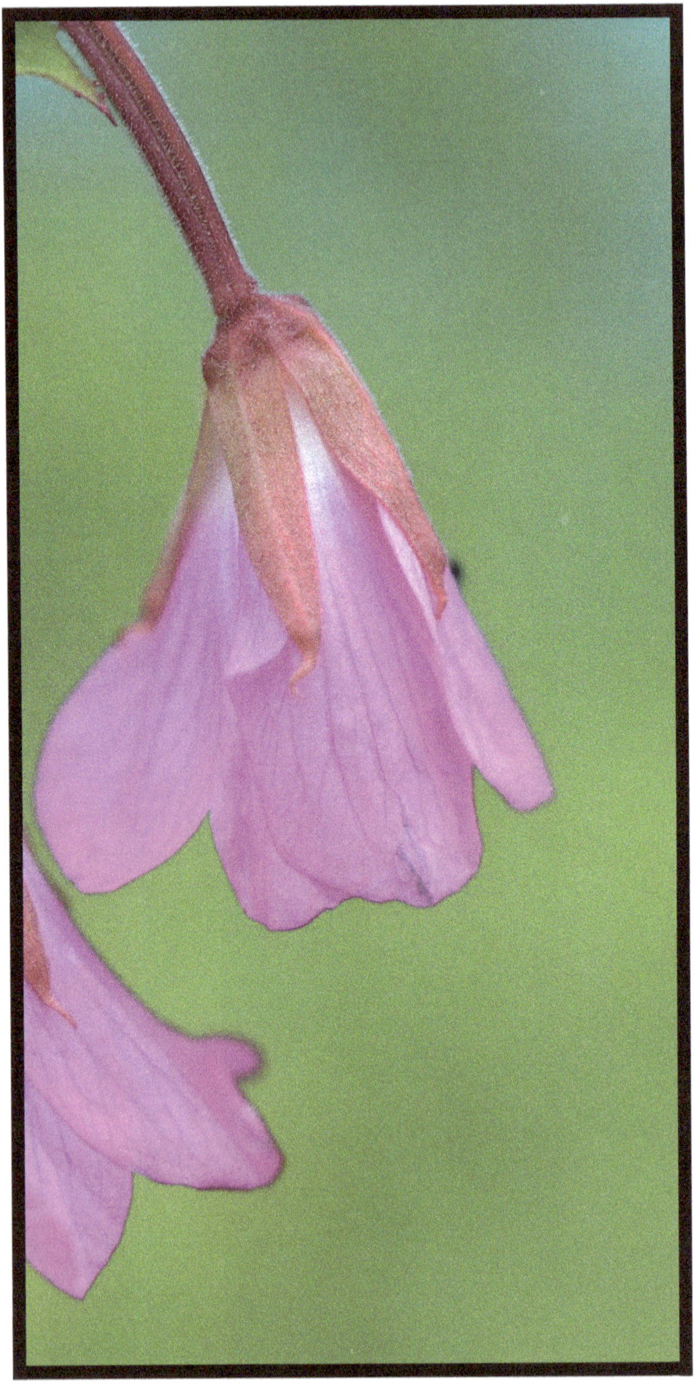

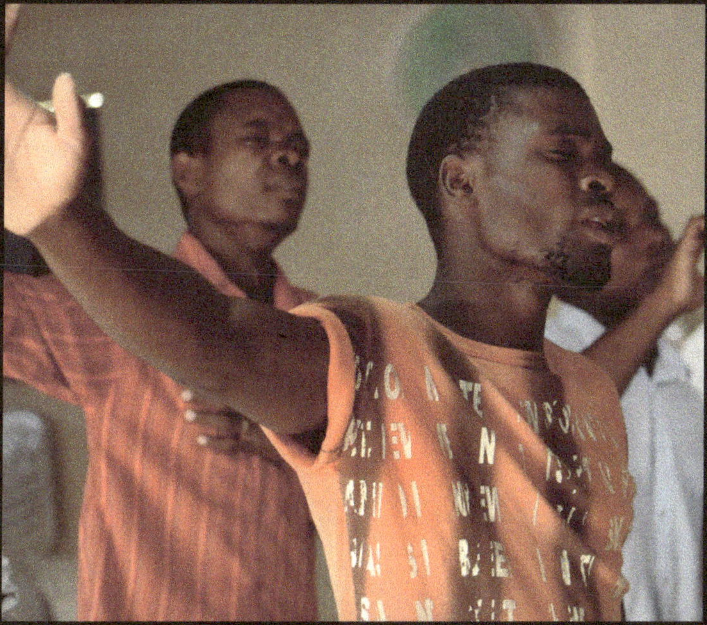

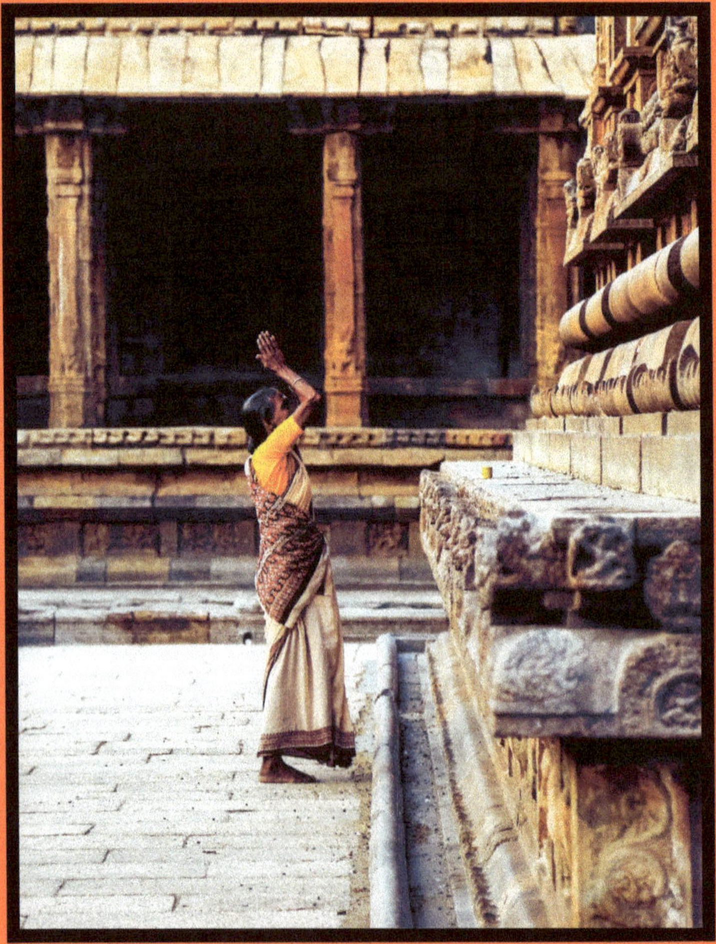

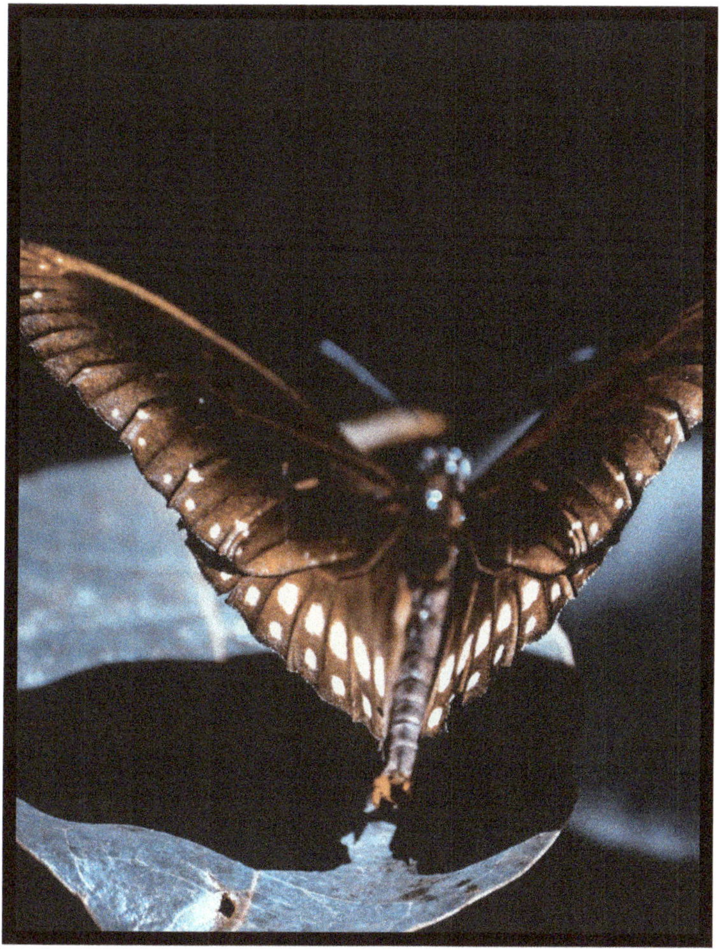

www.ingramcontent.com/pod-product-compliance
Lightning Source LLC
Chambersburg PA
CBHW040519220526
45473CB00012B/2913
* 9 7 8 1 7 1 4 1 2 1 7 4 8 *